メグさんの
女の子・男の子
からだBOOK
Boys, Girls & Body Science

著：メグ・ヒックリング *Meg Hickling*
絵：キム・ラ・フェイブ *Kim La Fave*
訳：三輪妙子

築地書館

Boys, Girls & Body Science: A First Book about Facts of Life
by
Meg Hickling
Text copyright © 2002 by Meg Hickling
Illustrations copyright © 2002 by Kim La Fave
Published by arrangement with
Harbour Publishing Co., Ltd.
P. O. Box 219, Madeira Park, BC Canada
Translated by Taeko Miwa
Published in Japan
by
Tsukiji-Shokan Publishing Co., Ltd.

日本の読者のみなさんへ

メグ・ヒックリング
Meg Hickling

　わたしは1974年から、カナダと米国で、性の健康について教えてきました。日本でも1999年から教えています。子どもに性の健康を教えることについて、親や専門家が示す反応は、どこでもよく似ています。

　この三つの国のどこでも、生殖器の科学的な呼び名を子どもたちに教えると言うと、おとなは驚いた表情をするのです。自分が子どものころには教えられたこともない、新しい語彙を身につけてくださいと、お願いするからかもしれません。また、子どもに性交や生殖についてくわしく教えることが大事ですと言っても、うまくできそうにないとしりごみするおとなが多いのも、共通しています。

　子どもが性の健康について、親または保護者と、怖がったり恥ずかしがったりせずに話ができること——それがとても大事だということを、ぜひ、どなたにも理解していただきたいのです。

　子どもに、性の健康についての知識を与えることで、その子を性的虐待から守りやすくします。たとえ子どもがだまされて、性的虐待を受けることがあっても、知識をもった子ならすぐに親やおとなに言ってくるでしょう。

　性的虐待の加害者の多くが、自分自身、子どものころに虐待を受けていると言われます。だからこそ、子どもが性的虐待を受けないでおとなになることが、とても大切なのです。

性の健康を教えることは、実際には「科学」と「健康」と「安全」を教えることです。親や専門家がそれをいつも心に留めておけば、恥ずかしいとか秘密のことと思わずに、冷静に教えることができるでしょう。

　性の健康を学ぶことは、命を救うことにもつながる、とても大事なことです。この教育を受ける第一世代のおとなは難しいと感じるかもしれませんが、わたしたちの子どもの世代は、この知識をしっかりと身につけて、より健康な人生を送ってくれると思います。そして、その次の世代に、もっとうまく教えてくれると、わたしは心から期待しています。

この本を読まれる方へ

三輪妙子

　本書はメグ・ヒックリングさんの"Boys, Girls & Body Science"の全訳です。メグさんにとっては、1996年出版の"Speaking of SEX"(『メグさんの性教育読本』木犀社、1999年、拙訳)に次いで、これが2冊目の著書になります。前作がおとなむけであるのに対し、本書はイラスト入りで、子どもと親が一緒に読めるようになっています。

　メグさんは、カナダのブリティッシュ・コロンビア州、バンクーバーを中心に、1974年から「性の健康」を子どもや親、専門家などに教えてきました。

　そのきっかけになったのは、1960年代に病院で看護師として働いていた時の経験です。自分のからだについての知識があまりにも乏しいため、手遅れになるまで医師のもとに来なかった人たちをたくさん目にしたのです。

　とくに生殖器にかんしては、事態は深刻でした。カナダでは、公共の場では、性や避妊についていっさい話をしてはいけない、という法律が1969年まで存在し、性とは隠すもの、恥ずかしいものという意識が長年根強くありました。ですから、生殖器の病気や異常については、だれにも相談できず、一人でもんもんと悩む人が多かったのです。

　メグさんは、このような悲惨な状況を変えるには、性器の呼び名や働きなどを、からだのほかの部分と同じようにきちんと教えることが大事だと考えました。そして、子どもが、性についてのゆがんだイメージやメッセージを社会から受けとる前に、正しい知識を与えられること、そ

れこそが鍵だと感じたのです。

　結婚して子どもをもったメグさんは、まず自分の三人の子どもたちに教えはじめました。また、「プランド・ペアレントフッド」というグループの性教育のボランティア講師としても働きはじめました。

　明るく、ユーモアにあふれるメグさんの話は、幼児から小中学生、また親たちからも喜んで受け入れられ、講演やワークショップの依頼が相次ぐようになります。そのうちに、親のなかから、自分の子どもが通っている学校で、生徒全員にこの話をしてほしい、という希望が出るようになりました。自分の子だけでなく、子どもの友だちやクラスメートたちにもぜひ知ってほしいという願いからです。

　こうして、学校での「ファミリー・セッション」が始まりました。ファミリー・セッションの1日目は親が対象です。夜7時、学校の体育館に集まった親たちに、メグさんは子どもの五段階の性的発達段階と、性の健康を子どもに教える大切さを、さまざまな例をあげてわかりやすく、ユーモアをまじえて話します。

　その2〜3日後に、今度は子どもむけワークショップがあります。その子どもむけワークショップをそっくりそのまま活字にしたものが本書です。(小学校高学年むけには、これに月経と夢精の話がつくわわり、中学生以上には、さらに避妊と性感染症の話がくわわります)

　親は、メグさんの話を聞いて十分に納得し、わが子にぜひこの話を聞かせたいと思って子どもを連れて来るのです。もし親が先に話を聞いていなくて、「性について、いったいどんな話を、わが子は聞くことになるんだろう」と不安を感じたり、ピリピリしたりしていれば、それは子どもにも伝わってしまうでしょう。そうならないようにメグさんはあらかじめ親に話をするのです。

　子どもむけワークショップでは、メグさんのすぐ前の床に子どもたち

が座り、親はその後ろに用意された椅子に座って、一緒に話を聞きます。メグさんをすっかり信頼し、安心しきった表情のお母さんやお父さんが後ろに座っていてくれるのですから、子どもたちも心強いのです。

　この子どもむけワークショップは、実は親のためでもあります。性の健康を子どもに教えることがいくら大事だと知っても、何をどう話していいのかわからないという親たちに、メグさんは「こんなふうに話したらどうですか」と、一つの例を子どもむけワークショップで示してくれるのです。そして、それを出発点に、家に帰ってからも機会あるごとに、親から積極的に話をしつづけるように、とメグさんは言います。子どもは一回話を聞いただけでは、すべてを理解することはできませんし、子どもの成長に合わせて、情報量を増やしていくことも大切です。「ああ、これで安心。もうメグさんが全部話してくれた」と肩の荷を下ろしてはいけないのです。

　子どものほうからみれば、親が一緒にこの話を聞いてくれたということは、家でも性について話をしてもかまわない、という許可を得たようなものです。子どもがそう思って、なんでも話したり、相談してくれるようになれば、親としてはしめたものです。子どもが小さいころから、親子で自由に性の健康について話ができるようになっていれば、子どもが思春期の悩み多き時代を迎えても、きっと親子でスムーズに乗り越えていけるでしょう。

　メグさんは、1999年に『メグさんの性教育読本』が日本で出版されて以来、今までに7回来日され、全国各地で子どもむけワークショップや、親や専門家むけの講演をされてきました。子どもむけワークショップでは、日本での場合、通訳が入るので時間が長くなります。それでも、日本の子どもたちは、メグさんのジェスチャーや笑顔に吸いこまれて、と

てもよく聞いてくれます。

　本書のなかにも出てきますが、ワークショップのなかで、メグさんは子どもたちに、「三つ目のプライベートな部分はどこでしょう。わかる人はいますか？」といった質問をいくつもします。子どもたちのなかには、もうすでに親から話を聞いている子がたいてい一人か二人いて、サッと手をあげて答えてくれます。するとメグさんは、にっこり笑ってその子のところに歩み寄り、「Excellent!（すばらしいわ！）」と言って握手をしてくれるのです。こうしたやりとりが、子どもたちをリラックスさせることを、メグさんは長年の経験でよく知っているからです。

　メグさんのワークショップに参加したことのある方は、それを思い出しながら、まだ参加したことのない方は、心のなかで想像しながら、読んでみてください。そして、日常生活のなかで、性の健康についての話ができそうな機会があったら、逃さずに、これからもずっと子どもに話しつづけていってくださいね。

　日本語版には、日本での今までのワークショップや講演会で参加者から出された主な質問と、メグさんの答えをつけくわえました。参考にしていただければ幸いです。なお、性器の呼び名は、おとなになっても使えるものであれば、本書に出てくる呼び名以外のものでも、もちろんかまいません。

◎メグさんと、メグさんの後継者アリス・ベルさんの、日本でのこれからのワークショップと講演会の予定については、「NPO法人　女性と子どものエンパワメント関西」にお問い合わせください。
NPO法人　女性と子どものエンパワメント関西
〒665-0056　兵庫県宝塚市中野町4-11
TEL：0797-71-0810　FAX：0797-74-1888
E-mail：videodoc@osk2.3web.ne.jp
URL：http://www.osk.3web.ne.jp/~videodoc

メグさんの
女の子・男の子 からだBOOK

Boys, Girls & Body Science

スミス先生のクラスの生徒たちは、わくわくしています。お母さんやお父さんもたくさん、さんかんに来ています。ジョーダンのおじいさんもいます。今日はとくべつなことがあるのです。お客さまがたずねてくるのです。その人の名前はメグさんと言います。

「わたしは、看護師です」と、メグさんは話しはじめました。
「今日は、わたしたちのからだが、どのようなはたらきをするか、そして、からだをどうやって大切にするかについて、お話しします。こういう勉強を『からだの科学』と言います」

「からだの科学だったら、もういっぱい勉強してきたわ」と、メラニーはちょっとふまんそうです。
「口から飲みこんだ食べ物が、どうなるかとか……」とサラ。
「今日はそれとは少しちがった、からだの科学についてお話しします」と、メグさんはつづけました。「からだの中でもとくに『プライベートな部分』と言われるところについてです。『プライベートな部分』というのは、自分だけの大切なところという意味です」

「気持ちわるーい」とザックがさけびます。
ティムは思わず耳をおおいます。

「プライベートな部分について話をすると言うと、ちょっとはずかしいと思うかもしれませんね。ですから、どうしたら科学者のように考えることができるか教えましょう」

科学者にはとくべつな科学的な言葉があって、わたしたちもそれを使えば、はずかしがらずに話ができる、とメグさんは説明してくれました。

ティムは、片方の手を耳からはなしましたが、ねんのため、もう一方の手はそのままにしています。

「科学者だったらぜったいにしないことが一つありますけど、何だかわかりますか？　科学者は『うえー、気持ちわるーい』とは、ぜったいに言いません。そのかわり『なるほど、それはおもしろい』と言うんですよ」

「なるほど、それはおもしろい！」

と、子どももおとなも、声を合わせて言いました。

「すばらしいですね。みんな、とっても科学者らしくなってきましたよ。
　みなさんのからだには、プライベートな部分が三つあります。一つ目は、みなさんの口です。ということは、だれも、キスをしたくない時はしなくていいということです」

「わたし、おやすみのチューしてもらうのはすきだけど」とカレン。
「それはいいわね。でも、キスされたくない人から、むりやりされそうになったら、『いや！』って言っていいんですよ。
　もう一つのプライベートな部分は、みなさんの胸です。男の子にとっても女の子にとってもですよ」とメグさんは話します。
「おっぱいをつねるのも、いけないんだよ」と、エリックが大声で言いました。
「そう、だれかが『さわらないで』と言ったら、その人の言うことを聞かなければいけませんよ」と、スミス先生がつけくわえました。

「さあ、それでは三つ目のプライベートな部分はどこでしょう。わかる人はいますか?」とメグさんがたずねると、うなずく子もいますし、クスクスわらう子もいます。

「両足の間のところです」とトムが答えました。

メグさんは、「そうですね。科学者は、両足の間の部分を性器とよんでいます」と言うと、さあ、みんなで「せ・い・き」と言ってみましょうと、よびかけました。そして、性器についてくわしく説明してくれました。

おふろでは、性器全体をよくあらって、健康かどうか見てたしかめること。自分にとっては、ひみつの場所ではないのだから。そして、もし何かへんだなと思ったら、こわがらずにお母さんやお父さん、お医者さんに、みてもらうこと。

「さぁ、それでは、先に進みましょう」とメグさんはつづけます。

このクラスでは、からだから二つのものが出されることを、もうすでに勉強しました。液体のものと固体のものです。固体のものは便とよばれ、性器の後ろの方にある出口、こうもんから出てきます。液体のほうはにょうとよばれ、ぼうこうという、のびちぢみするふくろの中にたまります。

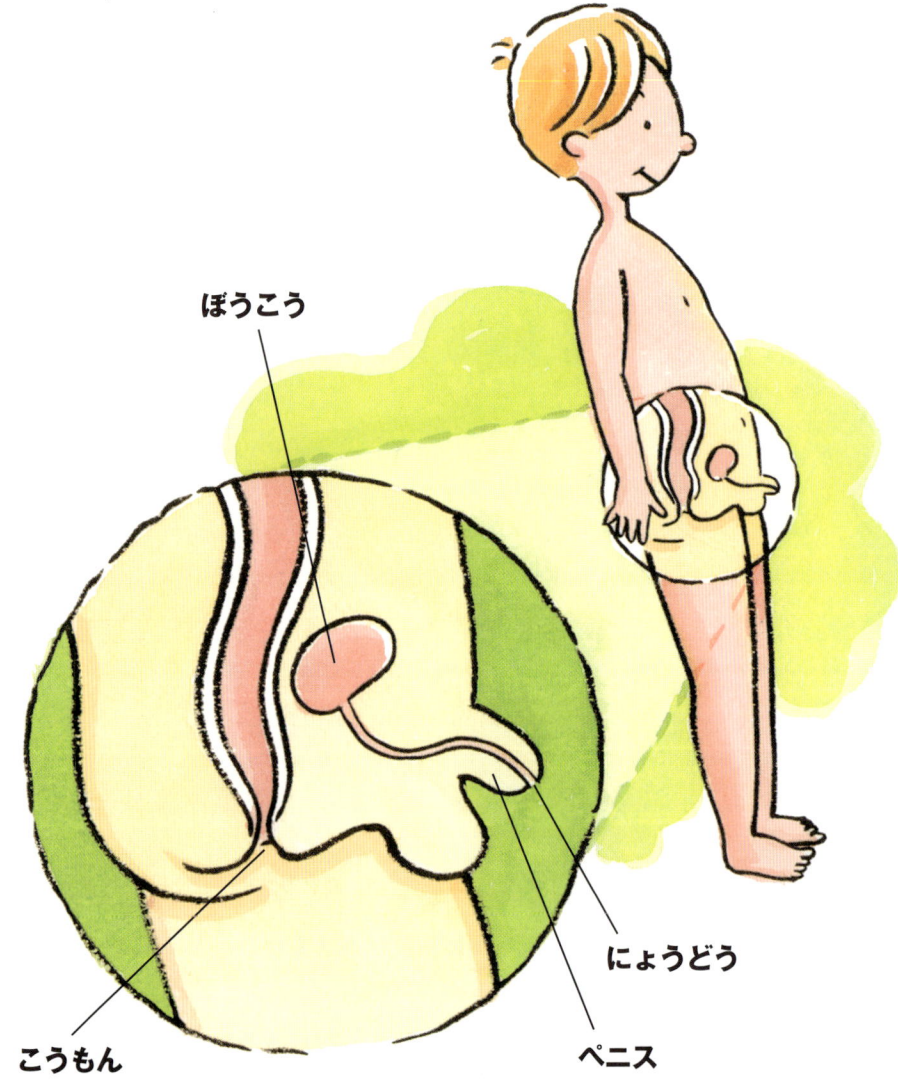

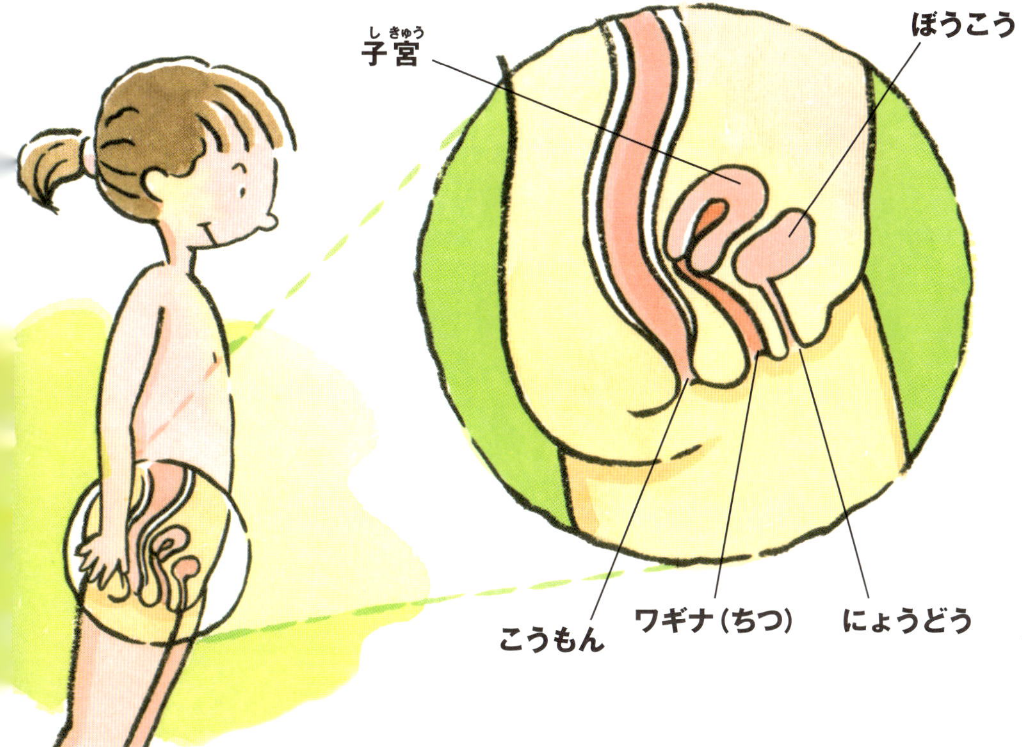

子宮(しきゅう) ぼうこう

こうもん　ワギナ（ちつ）　にょうどう

「ぼうこうがいっぱいになったと感(かん)じたら、みなさん、トイレに行(い)くでしょう。にょうは、ぼうこうから管(くだ)を通(とお)って出(で)てきます。この管(くだ)をにょうどうと言(い)います。みなさん、『にょうどう』と言(い)えますか？」とメグさん。

にょう・どう

「いいですね。さて、それでは、にょうどうは、どこにつながっていますか？」と、メグさんがたずねました。

「ぼくのおじいちゃんは、そこを、ちんちんってよぶよ」とジョーダンが言うと、なかにはわらいだす子もいます。

「そう、昔は学校で、からだの科学の時間はなかったので、だれも科学的なよび名を習わなかったのね。男の子のおちんちんを、科学的には何とよぶか、知っている人はいますか？」とメグさん。

「ペニスです」とユキが答えました。

「そのとおり。では、ペニスの少し後ろ、男の子の両足のつけ根のところに、しわのよったひふがふくろのようになっているところがあります。これは、いんのうと言いますが、ここに何が入っているでしょう？」

「きんたまです」と、エリックがすかさず言いました。

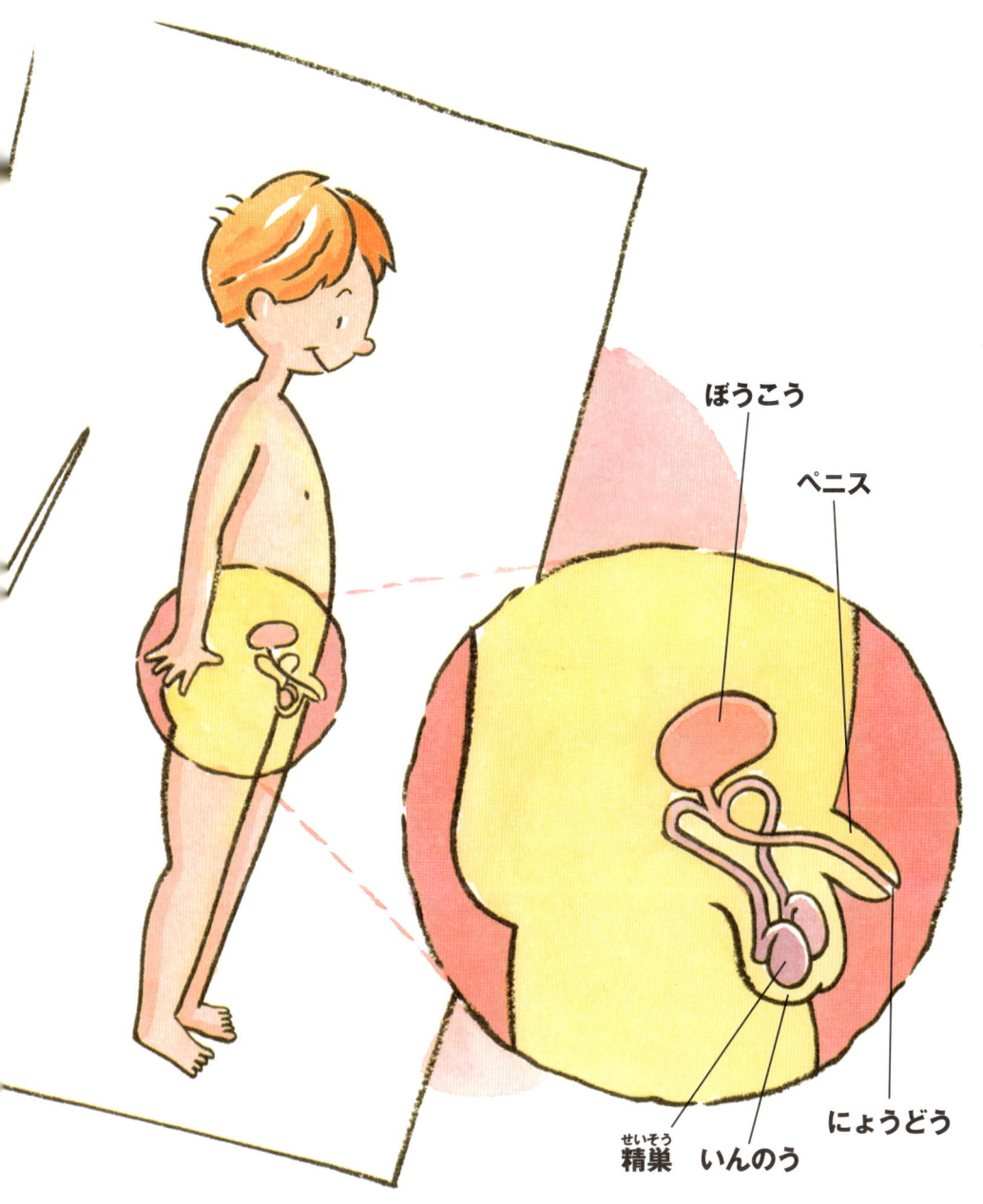

「そうですね。でも、科学者だったら、精巣とよびますよ。精巣では、男の子の成長ホルモンが作られます。成長ホルモンというのは、みんなの背をのばすジュースのようなものです。ですから、精巣を大切にしましょう」

「はーい。だから、ホッケーをする時は、精巣を守るためにプロテクションをつけなくちゃいけないんだ」とザック。

「そうですね。それから、お友だちのズボンの後ろをつかんで、ぎゅっと引っぱり上げるようないたずらも、いけませんよ。精巣がきずつくことがあるから。もし精巣がいたいと感じたら、かならず、おうちの人やお医者さんに言ってくださいね」

「女の子のからだについても、もっと教えてください」と、キムが言いました。

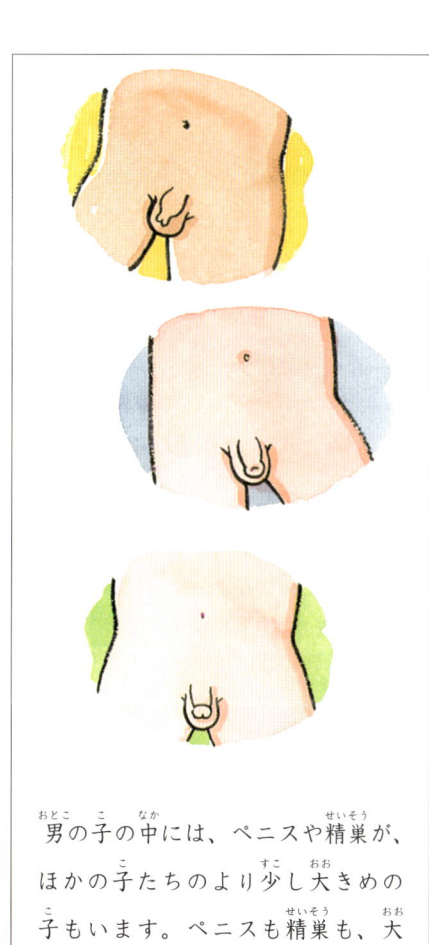

男の子の中には、ペニスや精巣が、ほかの子たちのより少し大きめの子もいます。ペニスも精巣も、大きさはいろいろなのです。

「わかりました。女の子の性器は、バルバ（外性器）とよばれるひだのようなもので、おおわれています。バルバのいちばん上のあたりのひだの中には、クリトリスがあります。小指の先くらいのもので、先っぽにあなはあいていません。おふろでさわると、ちょっとくすぐったく感じるでしょう。

　さあ、このクイズはわかるかしら？　男の子には、両足のつけ根の部分に出口が二つ、にょうどうとこうもんがありますね。それでは、女の子にはいくつ出口があるでしょう？」と、メグさんがたずねました。

「一つです」とザック。

「三つよ」と、ジェニーとメラニーがいっしょに答えました。

「どうして、女の子には三つあるの？」と、ザックがたずねます。

「ぼく、知ってます。女の子にはもう一つ、赤ちゃんが出てくる出口があるんです」とエリック。

「よくわかりましたね。その出口は、にょうどうとこうもんの間にあって、ワギナ（ちつ）とよばれています。たいていはとじていますが、赤ちゃんが生まれる時には、のびて、開いてきます」

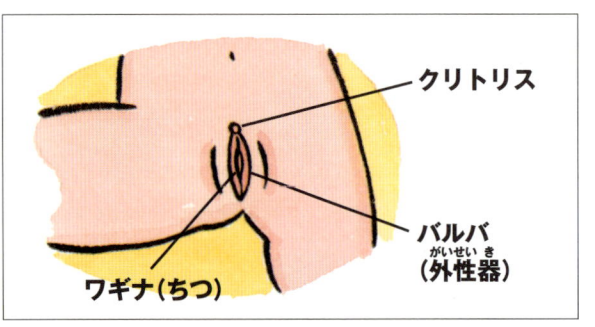

「女の子にも、ボールのようなものがあるんですか？」と、ザックが聞いてきました。
　何人かの子どもがクスクスわらって、「あるわけないよ」と言いましたが、メグさんはこう答えました。
「そう、女の子にもおなかの中に二つ、卵巣とよばれる、ボールのようなものがあります。さあ、科学者になったつもりで、卵巣には何が入っているか発表してくれる人はいますか？」
「はい」とサラが答えます。
「卵です。それが赤ちゃんになるんです」
「そのとおり！　はい、あく手。では、どうやって赤ちゃんができるのか、これからお話ししますね」

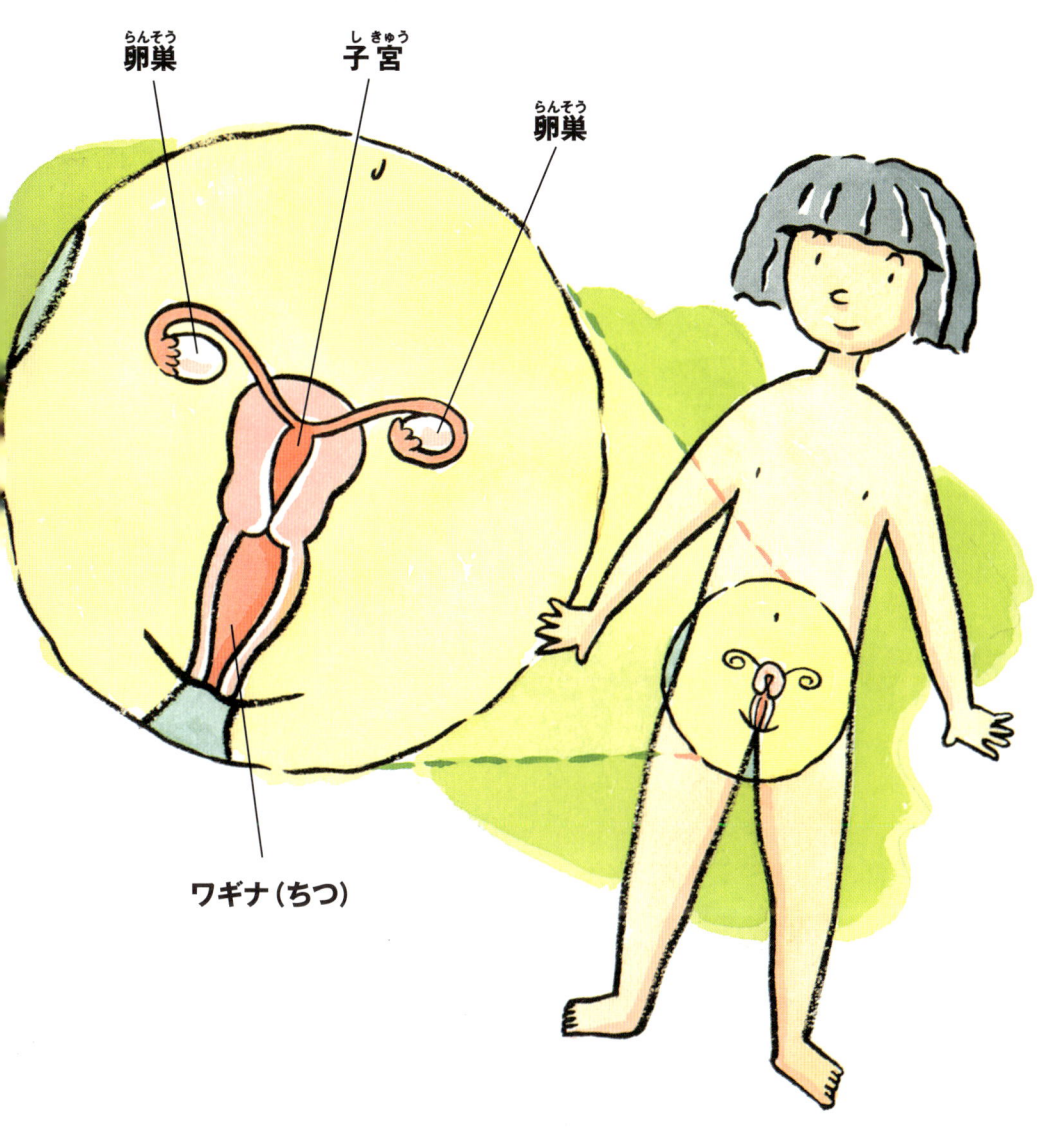

「お父さんとお母さんが、赤ちゃんがほしいと思ったら、お母さんの卵巣から卵子が出てくるまで待たなくてはなりません。卵子はとっても小さくて、一つぶの砂くらいの大きさです。でも、卵子だけでは赤ちゃんにはならないんです。お父さんの精巣で作られる精子とむすびつかなければなりません。精子はとーっても小さいので、見るためには顕微鏡が必要なくらいです。

　お父さんはペニスを使って、精子をお母さんのワギナにとどけます。おもしろいことに、お父さんが精子をとどけることができるのは、ペニスがぼっきしている時だけです。ぼっきというのは、ペニスが長く、固くなることです」

「へーえ、なるほど、おもしろい！」と、みんなは言いました。

「それを、セックスをすると言うんです」とメラニー。

「そうです。みなさんは、なんてすばらしい『からだの科学者』なんでしょう！　男の子のペニスは、時々ぼっきしますが、それは、ペニスがぼっきの練習をしているんですよ。とても健康なことです。でも、セックスというのは、おとなだけがすることです」と、メグ

さんはつけくわえました。

　するとサラが、「わたしはおとなになっても、ぜったいにしません。お母さんが、セックスをしたくなければ、しなくていいのよと言ってたもの」と言いました。

「そのとおりです。それから、おうちによっては、セックスするのは、結婚してからというふうに決めているでしょう。ですから、あなたのおうちの決まりを知っておく必要がありますね」とメグさん。
「うちには、ソファーに足をのせちゃいけない、っていう決まりがあるんだ」とベンジャミン。
「でもママは、おとなになったら、セックスするのもとても楽しいかもしれないって言ってるわ」とジェニー。
「自分で子どもを生まなくても、里親になることもできるし、養子をもらってもいいしね」と、ベンジャミンがつけくわえました。

「さあ、ここでむずかしいクイズを出しますよ。赤ちゃんはワギナから出てきますけど、その前にどこで大きくなるのでしょう?」
「おなかの中です」と、何人かの子どもたちが言いました。
「ちがうわ」とジェニー。「食べ物といっしょになっちゃうもの」
「それじゃあ、メグさん、赤ちゃんはどこで大きくなるんですか?」とザックが聞いてきました。
「子宮とよばれる、とくべつなふくろの中で育ちます。子宮は、とても強い筋肉でできていて、ぼうこうのすぐうらがわにあります。子宮の下のはしが、ワギナにつながっているんですよ」

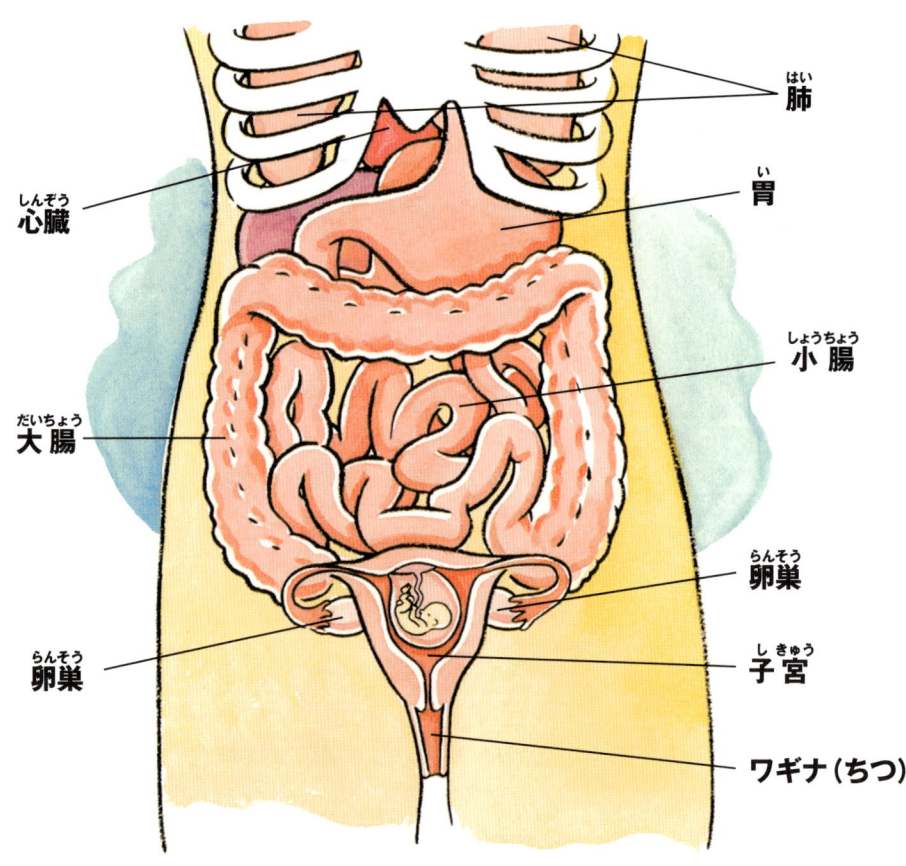

メグさんはそこで、とび出す絵本を開きました。そこには、子宮と、もう生まれるくらいに育った赤ちゃんがのっています。
「あら、さかさまだわ」とサラが言いました。
「これが、赤ちゃんにとっては、ちゃんとした方向なんですよ」とメグさん。
「さかだちしてるのに？」と、ベンがわらいながら言いました。
「そうです。それには科学的な理由があります。子宮の中には、もう一つ、水の入ったふくろがあって、そこに赤ちゃんは入っているんです」

メグさんは絵本の絵を指さします。そのふくろはすき通ったビニールぶくろのようなもので、この水は、お母さんがたとえ転んでも、赤ちゃんがけがをしないように守ってくれていること。そして、赤ちゃんがさかさになっているのは、水の入ったふくろの中で、頭がいちばん重い部分だからだと、メグさんは説明してくれました。
「でも、赤ちゃんは、どうやって息をするんですか？」と、エリックがふしぎそうに聞きました。
「いい質問ですね。赤ちゃんは水の中では、息をすることも、食べることもできません。必要なものは全部、お母さんの血液からもらいます。お母さんと赤ちゃんは、へそのおという管で、つながっているんです。へそのおの片方のはしは、お母さんの子宮にくっついています。それでは、それが、赤ちゃんのどこにつながっているか、知っている人はいますか？」
「おへそです」とジョーダン。
「そう、そのとおり。さて、それでは、赤ちゃんがもうすぐ生まれると思ってください。

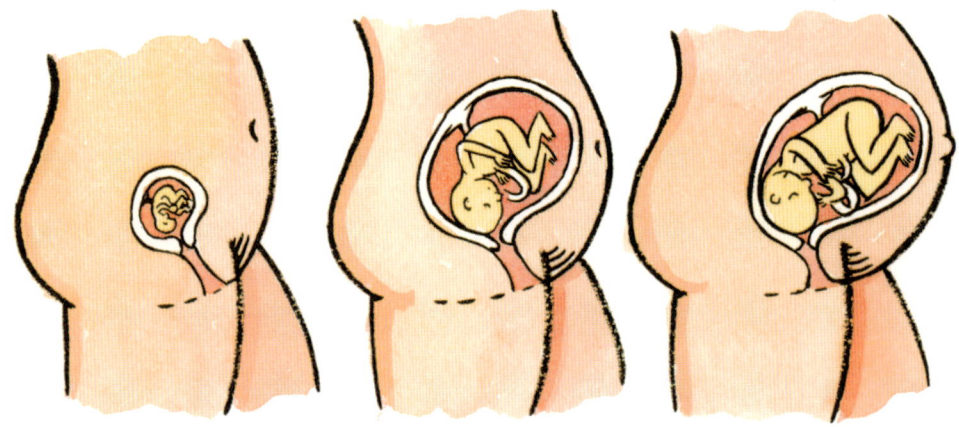

子宮のがんじょうな筋肉が、ちぢみはじめます。そして、ゆるみます。それから何分かすると、またちぢんで、ゆるみます。こうして、ちぢんだり、ゆるんだりという動きが、何時間かつづきます。これは赤ちゃんにとっては、ぎゅーっとだきしめられるような感じがするのです。それに、息をする練習にもなります」

　子どもたちはみな、自分のことをぎゅーっとだきしめて、「うーん」と、うれしそうな声を出しました。

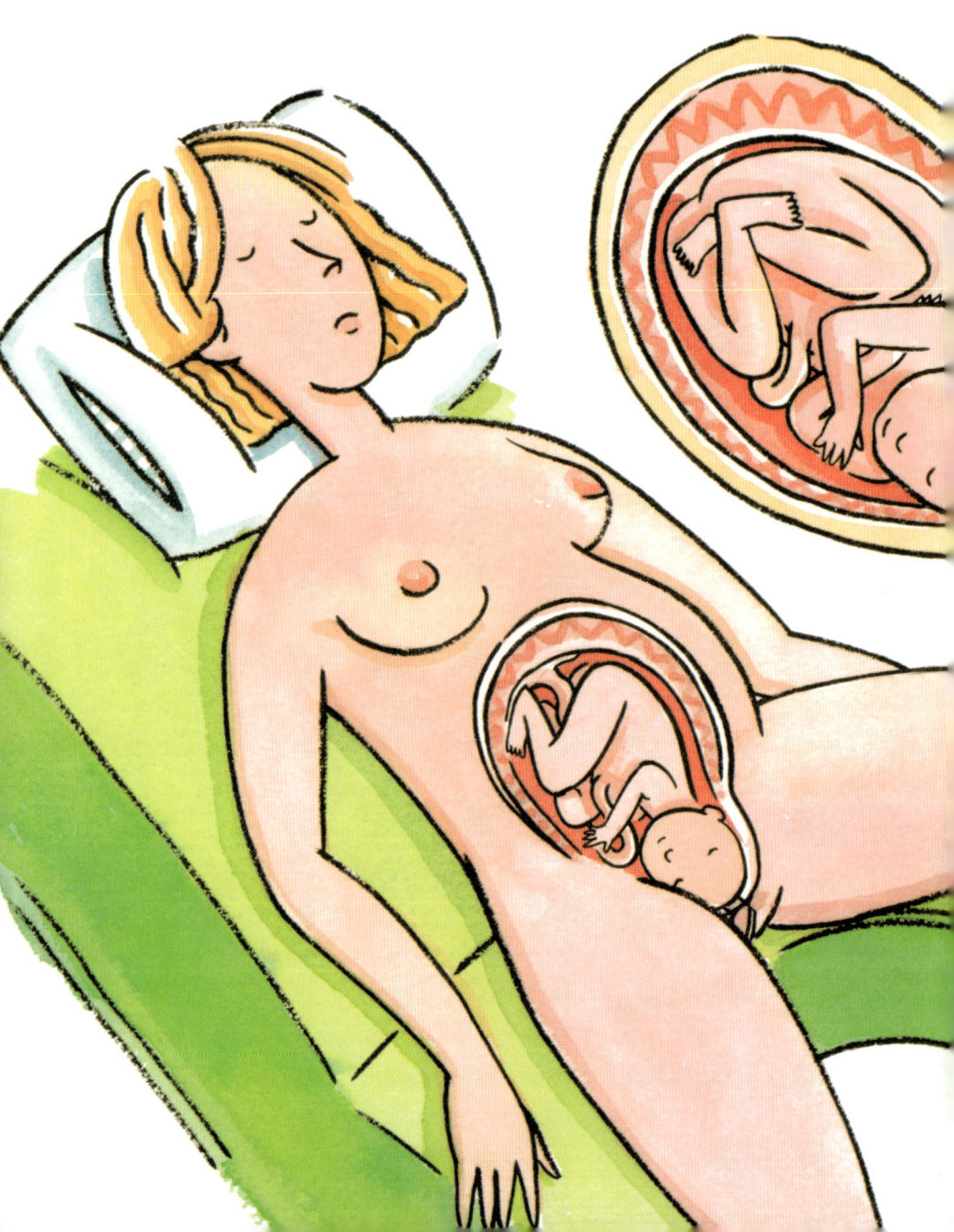

「さあ、それでは、小さい風船を手にもって、何度もにぎったり放したり、にぎったり放したりすると、どうなるでしょう？」と、メグさんが聞きました。

「われまーす」と、ニコラスが答えました。

「そうですね。同じように、水の入っているこのふくろもやぶけて、水がワギナを通って流れ出してきます。すると、ワギナはぬれてすべりやすくなって、ちょうどウォータースライダーのようになります。ですから、みなさんがはじめてウォータースライダーに乗ったのは、お母さんのワギナからツルンとすべって出てきた時なのですよ」

どの子もウォータースライダーの話が気に入って、うでを動かしながら、シューシューという音をたてます。

「でも、なかには、お医者さんの助けを必要とする赤ちゃんとお母さんもいます。そういう時は、お医者さんが手術をして、子宮から赤ちゃんを取り出してくれます。これを、てい王切開と言うんですよ。みんなの中には、こうして生まれてきた人もいるでしょう」
「わたしがそうです」と、ジェニーが答えました。

「赤ちゃんは、ワギナから出ると、すぐに息をしはじめます。ちゃんと息をするようになったら、へそのおを切ります。切ってもいたくないんですよ。かみの毛を切るのと同じです。
　何日かすると、へそのおがつながっていたところが、とじてきます。これがわたしたちのおへそなのです。
　みなさんの中には、おへそがへこんでとじた人もいるでしょうし、出っぱってとじた人もいるでしょう」

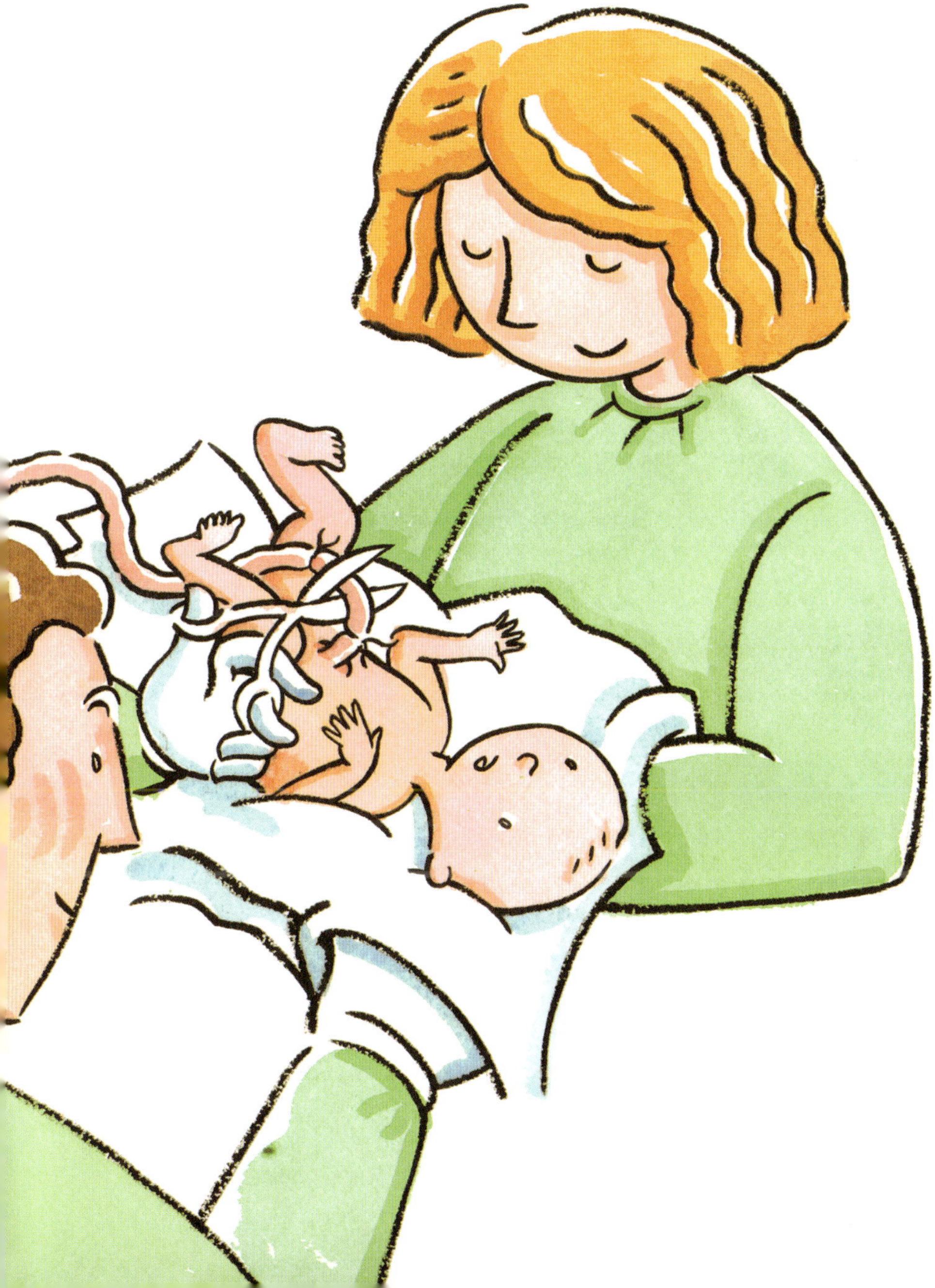

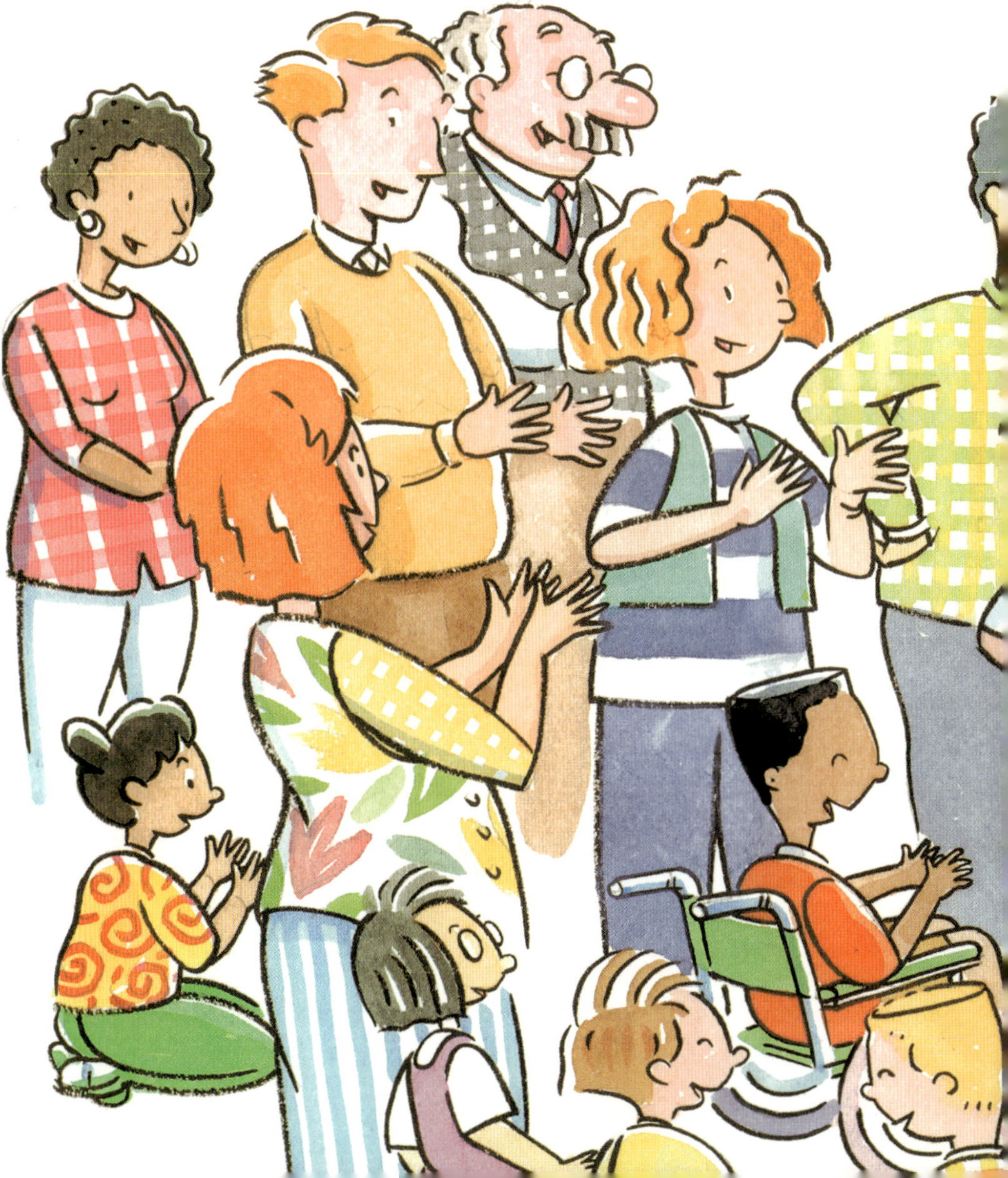

「わたしのおへそは、へこんでるわ」とサラ。
「ぼくのは、出っぱってるよ」とエリック。
「わたしも出っぱってるわ。
　ねえ、もう休み時間じゃないかしら」とジェニー。
　メグさんにお礼を言いましょう、という担任のスミス先生のよびかけで、みんなは声をそろえて、「メグさん、ありがとうございました」と言いました。
「なるほど、それはおもしろい」
とトムが言うと、おとなたちからは、
大きなはく手が起こりました。

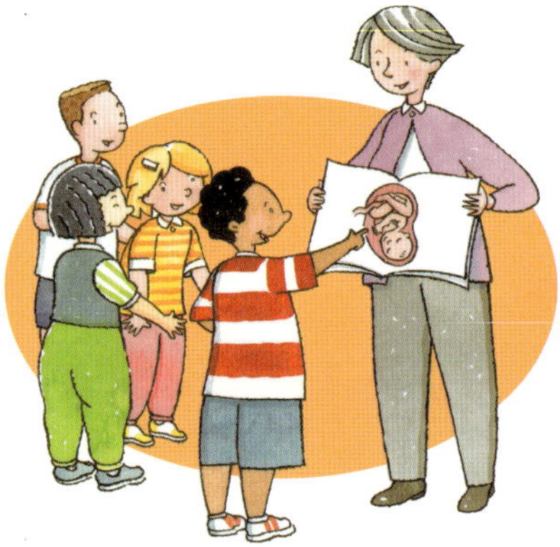

メグさん、こんな時どうしたらいいか教えて！

構成・三輪妙子

　日本での講演会やワークショップでよくされる質問について、メグさんに答えていただきました。

Q　4歳の男の子、お風呂でペニスを洗うのをいやがります。

Q　5歳の女の子、性器を椅子の角などにこすりつけていることがあります。

Q　「おちんちん」などを、科学的な呼び名に直したほうがいいですか？

Q　子どものほうから聞いてきたら、話そうと思うのですが……。

Q　子どもには性の話など聞かせず、のびのびと育ってほしいのです。

Q　10歳と12歳の娘たちに、はじめて話すのですが……。

Q　9、11、15歳の三人の子どもに、一緒に話をしてもいいですか？

Q　小さいころから教えると、早くからセックスをするようになりませんか？

Q　8歳の娘が、父親と一緒にお風呂に入るのをいやがるようになりました。

Q　さまざまな障害のある子どもたちに、どう教えたらいいですか？

Q　性にかんするゆがんだ情報から、子どもを守るには？

Q　6歳の息子が、わたしと夫がセックスしているところを見てしまったようです。

Q　「ママとパパもセックスしてるの？」と聞かれたら？

Q　小さいころ性的虐待にあいました。子どもに性について話すには？

Q　性的虐待にあいそうになったら、「抵抗しないほうがいい」というのはほんとう？

Q 4歳の男の子ですが、お風呂でペニスを洗うのをいやがります。どうしたらいいでしょうか？

A ペニスはあなたのプライベートな部分だから、自分で洗って、いつもきれいにしておくようにと言いましょう。ちょうど指を洗うような感じで、軽く洗うといいと教えてあげてください。

　ペニスには包皮がかぶさっていますが、それを無理にむいて、ペニスの先を出す必要はありません。包皮をそうっと動かして洗うだけでいいのです。それなら痛くないので、いやがらずに洗うでしょう。思春期になるまでは、ペニスの包皮を完全にむくことはできないかもしれませんが、それでかまわないのです。

　子どもが小さいからといって、親がペニスを洗ってしまうと、子どもは、ほかの人がペニスをさわってもいいのだ、と受けとるかもしれません。それが将来、性的虐待を受けることにつながりますから、3歳くらいから自分で洗う習慣をつけさせましょう。

　7、8歳になると、包皮の下にスメグマと呼ばれるチーズのようなものがたまってくることもあるので、包皮をやさしく動かして、石けんとお湯で洗い流します。スメグマをそのままにしておくと、かゆくなったり、ひどくなると膿むこともあります。膿んでしまったら、切開手術をする必要がありますから、そうならないように、いつも清潔にしておくようにと言ってください。

Q 5歳の女の子ですが、性器を椅子の角などにこすりつけていることがあります。そういう時にどう言ったらいいのか、わからなくて困っています。

A 5歳の子がマスターベーションをするのは、とてもノーマルなことです。「おめでとう」と言いたいくらいです。じつは、マスターベーションをもっともよくする年齢は、3、4、5歳です。こう聞くと、驚く方も多いかもしれませんね。おとなも、マスターベーションについてのこうした最新の知識を学ぶ必要があると思います。

もともと、人間がマスターベーションをすべきでないのだったら、わたしたちの腕は性器にとどかないように、もっと短く作られていたのではないでしょうか？　マスターベーションをするのは男の子や男の人だけだと思っている人が、今でもまだいるかもしれませんが、そんなことはありません。女の子や女の人にとっても、マスターベーションをすることは、ごくノーマルなことです。

この年齢の子どもがマスターベーションをしていたら、「そうすると、気持ちがいいのはわかる」と、まず認めてあげます。そしてそのあとで必ず、こうつけくわえてください。

「でも、それをほかの人がいるところでするのは、失礼なことよ。ほかの人がいるところでは、鼻をほじったりうんちしたりはしないでしょう？　それと同じで、自分の部屋やトイレでするならいいけど、ほかの人がいるところではしないでね」と。

マスターベーションは、自分一人の時にするもので、「ほかの人がいるところではしてはいけない」と子どもに教えるのには、わけがあります。もし、性的虐待の加害者になるような人がいるところで、その子がマスターベーションをしたとしたら、「おもしろそうだね。わたしがするとこ

ろも見せてあげようか」ということになり、性的虐待にまきこまれてしまう可能性があるからです。

　マスターベーションをする前には手を洗い、終わってからも洗うようにと教えることも、大事です。

　また、この年齢の子どもが、よくマスターベーションをするからといって、どの子もするとは限りません。一度もしたことがない、関心がないという子も、それはそれでノーマルですから、心配はいりません。

Q 5歳の男の子ですが、「おちんちん」「きんたま」という言い方を、科学的な呼び名に直したほうがいいでしょうか？

A 性器の名前について、いつもペニスとか精巣と呼びなさい、と言う必要はありませんが、科学的な呼び名を小さいころから教えることは大事です。

　科学的な言葉を教えることは、子どもにすばらしい贈り物をするようなものです。何歳になっても使うことができる言葉ですから。

　たとえば、お風呂に入る時に、「今日、ママはからだの科学についての話を聞きに行ったのよ。これからあなたに、からだの科学的な呼び名を教えるわね」と、切り出すのもいいでしょう。また、「パパが小さいころは、からだの科学については習わなかったんだ。でも、きみは小さいころから、科学的な呼び名を習うんだから、ほんとうにラッキーだね」と言って、一つひとつ呼び名を教えるのもいいと思います。

　性的虐待の加害者は、何も知らされていない子どもを選びます。性の健康について、親と何も話をしていない子は、たとえ性的虐待にあって

も、親に言ったら怒られるのではないかと思って、言わないことが多いからです。

　その反対に、子どもの口から精巣だの陰嚢(いんのう)だのという言葉が出てくれば、加害者はそういう子を避けます。というのは、そういう子はからだや性について、親からきちんと話を聞いているわけですから、何かあったらすぐ親に報告するでしょう。それを、加害者はよく知っているので、そういう子には手を出さないのです。

　その意味からも、科学的な呼び名を教えることは大事です。

Q 子どものほうから聞いてきたら話そうと思うのですが。うちの子はまだ早すぎると思います。何歳になったら話しはじめればいいでしょうか？

A こう自問してみてください。子どもには、親から正しい性の知識を学んでほしいのか、それとも、ちまたにあふれるゆがんだ性の情報をそのままうのみにしてほしいのかと。

　もし自分が子どもにちゃんと話したいと思うのであれば、今すぐ話しはじめてください。子どものなかには、性にかんすることはいっさい聞いてこない子もいます。そういう子どもの場合は、聞いてくるのを待っていたら永遠に待つことになります。

　親というのはどうしても、「うちの子は、性の話をするにはまだ小さすぎる」と思ってしまいがちです。実際には、子どもが3〜4歳くらいから、話しはじめるのがいちばんいいのです。この年齢の子どもたちはまだ、性にかんするネガティブな情報にさらされていませんから、性についての話を聞いても、ほかのことと同じようにふつうのこととして受け

入れます。

　親はまた、「この年齢だったら、これくらいしか理解できないだろう」と、子どもの理解力を過小評価しがちなところがあります。たとえば、「精巣」とか「子宮」などといった言葉は、難しすぎると思うかもしれません。でも、考えてみてください。小さい子どもが、難しい恐竜の名前をスラスラ言ったり、アニメのキャラクターをいくつも平気で覚えていたりすることはありませんか？

　精巣や子宮という言葉が難しいと思っているのは親であって、子どもにとっては、からだのほかの部分、たとえば「ひじ」とか「おでこ」などと同じなのです。性器の呼び名も、子どもがひんぱんに耳にすれば、同じように覚えてしまいます。ですから、たとえばお風呂で性器を指して「そこを洗いなさい」と言うのではなく、「ペニスをちゃんと洗おうね」「バルバ（外性器）を洗おうね」と言うようにするといいのです。

　性交についても、この年齢で教えるのが、実はいちばん簡単なのです。この本の中で触れているように、「お父さんのペニスがお母さんのワギナ（腟）に入って、精子を卵子に届けるの」と説明すると、この年齢の子どもたちなら、「へーえ、そうなの」とすんなり受けとるでしょう。

　うちの子はまだ小さすぎる、理解できるはずがないと、親が話をするのを先送りにしていると、あとで大変になります。小学校の中学年以上になると、からだや性について恥ずかしいという気持ちが出てくるからです。その年齢になるまで何も話さずにいて、突然、性交の仕組みについて話をすると、子どもの反応は「うへえ、気持ちわるーい。うちの親なんか、サイテー！」ということになりがちです。

　だからこそ、幼児の時から始めるのがいいのです。そして、教えられそうな機会があったら、どんな機会も逃さず話をしましょう。子どもは、一度聞いただけですべてを理解することはできませんし、しばらくする

と忘れてしまうことも多いですから、何度もくりかえし話すことが大事です。

　子どもが大きくなるにつれ、与える情報量も増やしていってください。そのためには、親自身も性にかんする本を読んだり、講演会に行ったりして、新しい知識を身につける必要があるでしょう。子どもの成長とともに、自分も成長していくつもりで、やっていってください。

Q 子どもがこんな小さいころから、性について話す必要があるでしょうか？　子どもには子どもらしく、楽しくのびのびと育ってほしいのですが。

A 親であればもちろん、子どもにはのびのびと楽しい子ども時代を送ってほしいと思いますよね。でも、もし子どもが性的虐待にあったら、その時点で、幸せな子ども時代は終わりを告げるのではないでしょうか？

　子どもに性の健康について何も教えないことで、子どもの身を守ることができると考えている親がいます。しかし実際には、何も教えられていない子どもこそ、性的虐待の危険にさらされやすいのです。加害者は、からだや性について何も教えられていない子を選ぶからです。

　家庭で親が、性の健康について何も話さないと、その沈黙は子どもには、「このことは、うちでは話しちゃいけない」という意味になります。性的虐待にあっても、そういう子は親に何も話さないことが多いのです。子どもがだれにも言いつけなければ、加害者にとっては好都合。何年にもわたって、性的虐待を続けることができてしまいます。

　その反対に、小さいころから、性の健康について正しい知識を与えら

れている子は、性的虐待からも身を守りやすくなるのです。ふだんから子どもが親と、性の健康について自由に話ができていれば、性器に何か異常があったら、すぐに言ってきてくれるでしょう。また、「口と胸と性器は、あなたのプライベートな部分で、だれもあなたの許可なくさわってはいけない」ということを親からちゃんと聞いていれば、だれかにさわられそうになっても「やめて！」と言うことができるでしょう。そして、すぐ親に、「こういうことがあった」と報告してくれるでしょう。

　性的虐待の加害者は、だれかにすぐ言いつけるような「危険な子」にはけっして手を出しません。言いつけられたら、逮捕されてしまうからです。

Q 10歳と12歳の娘をもつわたしは、残念ながら、性の健康やからだの科学について正面からかかわることをしてきませんでした。
手遅れでなければ、今から娘たちに話をしたいのですが、どのように始めたらいいでしょうか？

A けっして手遅れではありません。何歳であろうと遅すぎるということはないのです。ただ、この年齢の子どもたちは、親が話をしようとすると、「いやだ！」「聞きたくない！」と言って、逃げ出すかもしれません。もっと小さいころなら、楽しく話を聞いてもらえたのですが……。それでも、あきらめないで話をしてください。

「あなたがたがもっと小さいうちに話をしておかなければいけなかったのに、わたしがわかってなくて悪かったわ。でも、性の健康やからだの科学はほんとうに大事なことで、いつかあなたの命を救うことになるか

もしれないのよ」と切り出すのもいいでしょう。

　また、本を使うのもいい方法だと思います。日本でも、この年齢向けの、性にかんするすばらしい本が出ているので、そういう本を子どもに与えてください。本を渡して、「これはからだの科学についての大事な本なので、毎晩わたしが１章ずつ読むから、それだけはとにかく聞いてちょうだい」と言うのもいいと思います。

Q 9、11、15歳と、三人の子どもがいますが、一緒に話をしてもいいのでしょうか？

A 一緒に話をしていいのです。家族全員がそろう夕食の時がいいかもしれません。お父さんにもぜひ聞いてほしいですね。

　下の子にはまだ早すぎるのではと心配する必要はありません。一緒に話をし、本を読んであげていいのです。下の子が理解できる内容は少ないかもしれませんが、くりかえし本を読むことで、少しずつ知識を身につけていくと思います。

　また、三人一緒に話すのがいいのは、上の子が恥ずかしがって聞けないような質問を、下の子がしてくれることがよくあるからです。「なんでそんなバカなことを聞くんだ」と、上の子は言うかもしれませんが、「それじゃあ、質問の答えがわかるの？」と言ってみるのもいいかもしれません。

　15歳の子には、下の二人とは別に、おとな向けの本を探してきて、「あなたはこういう本が必要だと思うから、自分で読んでごらんなさい」と言って渡すのもいいと思います。

　きょうだいに男の子と女の子がまじっている場合も、必ず一緒に教え

てください。異性のからだの仕組みを知ることはとても大事なことですし、将来のためにもなるからです。姉妹であっても、男の子のからだの仕組みや変化についてもちゃんと書かれている本を探して、教えてください。また、男の子だけのきょうだいでも同じように、女の子のからだの仕組みについても教えるようにします。

Q 性について子どものころから教えると、早くからセックスをするようにならないかと心配なのですが。

A まったく逆です。子どもは、小さいころから正しい知識を与えられていれば、十代になっても慎重に行動し、軽々しくセックスをするようにはなりません。性の健康について知識がある若者のほうがそうでない若者にくらべ、はじめてセックスする年齢はむしろ高くなるのです。

　国連のエイズ防止機関の調査でも、それは明らかになりました。世界各国で行なわれた 68 もの「若者と性の実態調査」の結果を、国連のエイズ防止機関が総合的に調べたところ、性教育やエイズ防止教育を受けた若者は、そうでない若者にくらべ、はじめてセックスをする年齢が何歳か高くなっていたのです。さらに、望まない妊娠も性感染症も、セックスする相手の数も少なくなっていました。

　性教育が若者の性的活動を活発にするという通説は、まったくの誤りだったことがこれではっきりしたわけです。

　「寝た子を起こすな」と言われますが、これはまったく時代遅れのものの見方です。性にかんする情報がこれだけ氾濫している現在の社会では、

「寝ている子」などほとんどいません。寝ているのは、こうしたことに無知な親のほうではないでしょうか？

　子どもや若者は正しい性の知識を学ぶことにより、自分のからだを大切にし、また他人のからだも思いやるようになります。それが、大人になった時に、パートナーとすばらしい関係をつくっていくことにもつながると思います。

Q 8歳の娘が、最近、父親に抱きつかれたり、一緒にお風呂に入ったりするのをいやがるようになりました。父親はスキンシップが大事なんだと言ってやめようとしませんが、どうしたらいいでしょう？

A 娘さんに、たとえ相手がお父さんであっても、いやなことは「いや！」と言っていいのよ、と教えてあげてください。相手がいやがっているのに、こういうことをするのは、性的虐待にあたります。たとえ、父親であっても、それは許されないことです。

　一般的に、8歳くらいになると、親からであってもさわられるのをいやがるようになります。それは自然な成長の過程で、子どもが自分のからだを守るための「境界線」を身につけようとしていることの表われです。ですから、親はそれを認め、尊重しなければいけません。子どもに嫌われたとか拒否されたなどと思わずに、子どもが成長していると思ってください。

　愛情を表現したいなら、違う方法にしたらどうでしょう。たとえば、スポーツを一緒にするとか、宿題をみてあげるとかです。父親がほんとうに子どもを愛しているなら、子どものこうした成長や心の動きをわか

ってあげられるはずです。

　この問題については、『わたしのからだよ！』（ロリー・フリーマン著／田上時子訳、木犀社）など、とてもよい本がいくつか出ています。そうした本を用意して、子どもと一緒に読むのもいいでしょう。子どもにも「いやだ」と言う権利があることを、子ども自身に知らせることが大事です。

　親にさわられていやだと言えなかったら、ほかの人にいやなさわられ方をした時にも、いやだとはなかなか言えないでしょう。そういう意味でも、家で自分の「境界線」が侵害されそうになった時に、子どもがしっかり「いや！」と言えるようになることは大事です。そういう訓練がされていれば、子どもは外でも性的虐待から身を守りやすくなるでしょう。父親もそのことがわかれば納得するのではないでしょうか。

Q 最近、知的障害のある中学生の娘さんが、同級生の男の子にレイプされそうになるという事件がありました。さまざまな障害のある子どもたちが、性の健康を守るためには、どんなことを教えればいいでしょうか？

A ここでは、二つのことを考えたいと思います。まず、起きたことに対して何をすればいいのか、それから、こんなことが再び起きないようにするためには、どうしたらいいかということです。

　障害のある子どもたちに性の健康について教えることは、わたしの専門ではないのですが、基本的なことは知っていますのでお話しします。

　障害のある子に対しては、何度も何度もくりかえし話すことが大事で

す。障害のない子に対しても、くりかえし話すことは必要なことですが、それ以上に、とにかく何度もくりかえすことです。

　レイプされそうになった娘さんへのカウンセリングでは、「あなたは悪くなかった」と言う必要があります。男の子がしようとしたことが悪いのであって、あなたは何も悪くなかった、いやだという人の意見が通って当然なのだから、と伝えることです。

　そのあとで、こういう時はどのように対処したらいいかを教えます。まず、相手に「やめて！」と言っていいということを教えます。それでも相手がやめない時は、蹴とばそうがパンチをくらわそうが、嚙みつこうが、なんでもしていいこと。そして、だれかが来て助けてくれるまで、大声で叫びつづけ、すきを見つけて逃げるようにすると教えます。

　また、この男の子に対しても、カウンセリングをする必要があります。だれもが、自分のからだを守るための「境界線」をもっていること、他人のそうした「境界線」を尊重しなければならないことを説明します。その娘さんの境界線を越えようとしたことは、人間として、してはいけない行為であることも、わかってもらいます。

　残念ながら、障害のある子どもたちのほうが、そうでない子どもたちより、性的虐待にあいやすいのです。性の健康について話を聞く機会が少なく、正確な情報を得ていないためです。

　さまざまな障害のある子どもにも、からだの科学や性の健康について教えることが大事です。それは親だけの責任ではなく、こうした子どもと接する職業の人たちにもその重要性を理解してもらい、一緒に取り組んでいくことが必要です。

Q 現在の社会には、性にかんするゆがんだ情報があふれています。子どもをこうしたものから守るには、どうしたらいいでしょうか？

A たしかに、性にかんする誤った情報や作り話は、テレビや雑誌、インターネットなど、さまざまなメディアからあふれています。子どもには、そういったものをなるべく見聞きさせたくないと、親は思いますが、完全に遮断することは不可能にちかいですね。

8歳の娘をもつお母さんが、ある日、娘から「ねえ、ママ、オーラルセックスってなあに？」と聞かれて、びっくりぎょうてんしたと言っていました。いったいどこでそんな言葉を聞いたのかと問うと、娘は「6時のニュースで、クリントン大統領がモニカとなんとかって言ってたから」と答えたそうです。

こうした状況のなかで、子どもを守る最良の方法は、子どもに科学的な知識を与えることです。幼児のころから、からだの科学をきちんと教えられていれば、誤った情報を見聞きしても、子どもは自分で批判的にとらえることができるからです。

Q 6歳の息子が、この間、わたしと夫がセックスしているところを見てしまったようなんですが、どう対処したらいいでしょうか？

A もしあなたが、子どもにまだ性交について話をしたことがないのであれば、これこそ絶好の機会です。二人のおとなが、互いにとても愛しあっていて、赤ちゃんがほしいと思ったり、相手への愛情

をできるだけたくさん表現したいと思ったら、セックスをするのよ、と言ったらいいでしょう。なるべくポジティブな行為として話すようにしてください。そして、それは「おとな」がすることだという点を強調します。

　ふつう、小学校低学年の子どもの場合、物理的なメカニズムを説明すれば、それで納得します。この本の20ページにあるように、「お父さんはペニスを使って、精子をお母さんのワギナにとどけます。これをセックスをすると言います」と。

　わたしが子どもたちに話す時は、「みなさんのお父さんとお母さんが今でもセックスしてるって、なんてすてきなことでしょう！　だって、お父さんとお母さんがとっても愛しあっているってことですから」と言います。すると子どもたちの顔がぱっと明るくなります。ほとんどの子どもは、自分の親がセックスをしていることを知っていますが、それをポジティブに言われることがないからです。ただ、子どものなかには、親が離婚している場合もあるでしょうし、あまりうまくいっていない場合もあるでしょうから、そのあたりの配慮は必要です。

　子どもの年齢がもう少し高くなると、セックスというものに対して拒否反応を示すでしょう。それは、この年齢の子どもたちのノーマルな反応と言えるのですが、その場合はこう言ったらどうでしょうか。
「あなたは『うへえー、気持ち悪い』って言うけど、あなたくらいの年だったらそう思うのは当然よ。でも、おとなになったら気が変わるかもしれないわね。ただ、おとなになっても、自分はセックスをしたくないと思ったらしなくてもまったくかまわないのよ」と。

　セックスを気持ち悪いと思っている年ごろの子どもたちは、「おとなになっても、したくなければしなくてもいい」と聞くと、ほっとしますから。

Q 子どもに性についての話をすると、「ママとパパもセックスしてるの？」と聞かれそうでいやなのですが。そう聞かれたらどうしたらいいでしょう？

A 子どもにはいつも正直に対応するのがいいと思います。ですから、この場合も、こんなふうに言ったらどうでしょう。

「そうよ。ママとパパみたいに、お互いにとっても愛しあっていると、セックスをするのも楽しいの。だけど、それはプライベートなことだから、ほかの人がだれもいない時に（あなたが眠っている時に）するのよ」
と。

そんなことを言ったら、子どもに変な目で見られるのではないかと心配だ、という方もいるかもしれません。でも、考えてみてください。子どもには将来、パートナーと、性をふくめ、すばらしい関係を作っていってほしいと願っているのではないですか？　子どもにはそれを望んでいるのに、自分たち夫婦はセックスなんてしていない、というふりをするのですか？　いい関係の夫婦が、すばらしい性生活を送っていることに、なんら恥ずべきことはありませんし、子どもに隠すことでもありません。

ただし、「どんなことするの？」といったことを子どもが聞いてきたら、きっぱりと、「それはプライベートなことだから、人に言うようなことではないの」と答えてかまいません。

もし、パートナーとあまりうまくいっておらず、セックスもほとんどしていないのなら、こんなふうに言うのもいいかもしれません。

「パパとママはあまりセックスをしていないのよ。今は仕事でとっても忙しくて、疲れきってるから。でも、いつか将来、もっとのんびりできるようになったら、またしたいと思っているのよ」

「お母さんとお父さんは、今、あまりうまくいってないんだ。だから、セックスもしていない。でも、いつかいろんな問題を解決して、またいい関係になって、セックスもできるようになったらいいなって思ってるよ」と。

この場合、二人がうまくいっていないのは、自分たち、おとなに問題があるのであって、子どもであるあなたにはなんの非もないと、つけくわえてください。子どもというのは、親がうまくいっていないのは、自分の責任ではないかと思い悩むことが多いですから。

Q わたし自身、小学生のころに養父から性的虐待を受けました。現在は、結婚して子どもがいますが、子どもに性についての話をしようと思っても、うまくできそうにありません。どうしたらいいでしょうか？

A 自分自身、小さいころに性的虐待にあったことのある人は、セックスについて肯定的に語るのは難しいと感じるようです。それでも、性器の科学的な呼び名と、からだの科学については、子どもに冷静に教えられると思います。

性交そのものについて話すのは、ちょっとつらいかもしれません。そういう時には、本の助けを借りることができます。また、子どもの通っている学校に、性教育をしてくれるよう働きかけたり、信頼できる人、たとえば親戚のおばさんやおばあちゃん、友だちなどに頼んだりすることもできるでしょう。

子どもが7歳以上になったら、自分は性的虐待の被害にあっているの

で、性の話はしにくいと、正直に言ってもかまいません。ただその場合、「あなたが性の健康について、こうしてちゃんと学ぶことができて、とてもうれしい」とつけくわえましょう。

Q 子どもが性的虐待にあいそうになったら、抵抗しないほうがいい、抵抗するともっとひどい目にあったり、殺されそうになったりするから、と言う人もいます。これについては、どうですか？

A 性的虐待の被害者と加害者について、多くの調査がなされています。それによると、加害者は、子どもが抵抗しないと、子どもが同意したとみなすということがわかっています。「いやだって言わなかったから、あの子だって気持ちよかったはずだ」と。子どもがいやがって泣いたとしても、「いやだ」と言わなければ、加害者はやはり沈黙を同意ととるのです。

わたしは、仕事柄、刑務所で何百人もの性的虐待の加害者の話を聞いたことがありますが、ほとんどの加害者は、子どもが激しく抵抗したり、立ち向かってきたり、大声で助けを求めたりしていたら、自分はその場から逃げていただろうと言っていました。

また、調査によれば、激しく抵抗した被害者は、言うがままになった被害者より、虐待の程度が少なくてすみ、また虐待の頻度も少なくてすんでいます。抵抗しない被害者の場合は、くりかえし虐待にあうことが多いのです。

さらに、抵抗した被害者のほうが回復の速度も速く、自分はできるかぎり抵抗したんだと思うことで、のちのちまで残るような深い心理的な

傷を抱えなくてすんでいることがわかっています。

　西欧諸国では、成人の二人に一人、または三人に一人は、子どものころになんらかの性的虐待を受けていることがわかっています。ここで言う性的虐待とは、露出狂に会ったりポルノを目にしたりということから、強姦されるということまで、さまざまな虐待を意味します。どの程度の虐待が被害者にダメージを与えるかは、だれにもわかりません。被害者のみが、自分の受けた虐待によりどれだけダメージを受けたか知っているのです。

　性的虐待の加害者について調べると、多くの人が、自分自身も子どものころに性的虐待にあっていることがわかっています。

　だからこそ、子どもには小さいころから性の健康について正しい知識を十分に与え、できるだけ性的虐待にあわずにおとなになってほしいのです。そうすれば、いつかは社会から性的虐待そのものがなくなるでしょう。

解説——自尊感情をはぐくむ性教育

田上時子（NPO法人　女性と子どものエンパワメント関西理事長）

　家庭内の「性的虐待」、学校での「スクール・セクハラ」、地域での性犯罪など、子どもの性被害は年々増加の一途をたどっています。

　警察庁の発表によると、2001年に起こった強姦事件が約2000件、強制わいせつ事件が9326件、その被害者の41％が13〜19歳、21％が小学生以下と、子どもに集中しています。また、加害者の23％が19歳以下、48％がアダルトビデオなどをよく見ているということがわかりました。

　自分のからだは自分のものであり、いやな触り方をされそうになったら、相手が誰であっても「いやだ！」と言っていいのだということを知り、そして性を、性器だけでなく、生きることそのものとして、全人格的な「生」としてとらえるような包括的な性の情報を得ることによって、子どもたちが性被害にあいにくくなるということ、また加害者の多くが、子どものころに間違った性情報を得ているということが、国際調査でわかってきました。つまり、性被害の被害者も加害者もつくらないためには、きちんとした性教育が必要だということです。

　安易な性行為による望まない妊娠や感染症に悩む若い男女が増えています。クラミジア感染症は高校入学のころから急速に広がっており、症状の出ない無症候性も含めると推定で18歳女性で15人に1人が罹患（りかん）していることが、2001年の厚生労働省の調査でわかりました。性に関する情報が氾濫するなかで、避妊など必要な知識をきちんと身につけていないからです。

　援助交際という名の少女売春も減っていません。売る側よりも買う側

が責められるべきですが、性教育は売買春に歯止めをかける役割を果たすという調査結果も出ています。

警察庁が、中学・高校生3133人に実施したアンケート調査（2002年）では、高校生の2人に1人が、同年代の少女が金銭目的で性交渉をもつことについて「問題だが本人の自由」と考えていることがわかりました。そしてポルノコミックやティーンズ雑誌、アダルトビデオや出会い系サイトなどの「性的メディア」で性情報を得ている生徒ほど、売買春を許容する傾向が強く、メディアが子どもの性意識に大きく影響する実態をうきぼりにしました。

また、大阪教育文化センターの「家庭調査」でも、ビデオや雑誌から性情報を得ている子どもほど売買春を肯定しがちで、逆に家庭や学校で性教育を受けていると売買春を否定する傾向が強くなるという結果が出ています。つまり、性情報の入手方法によって、売買春などに対する考えに違いが生じてきているということです。

性にまつわる問題から子どもたちを守るために、おとなは、性に関する正しい情報を与え、自分のからだと心を大切にすること、自分を大切にするためにいやな時にはいやだと意思表示をしてもいいのだということを、子どもたちに伝えていかなければなりません。

つまり、子ども自身が性に関する自己決定力をもつことが大切なのです。性教育は、子どもが性に関してタブー視することも、恥ずかしがることもない幼いころから始めるのがベストです。そして、子どもが間違った情報や偏見をもたないために、親や教師は自らの性意識を問わなければなりません。いつからでも遅くはありません。今から一緒に始めましょう。

メグさんが伝える性教育は、性器教育でも生殖教育でもありません。

性の健康を教えることは「科学」と「健康」と「安全」を教えることで、自分のからだと心を守るために必要なのだという言葉には、30年近い性教育者としての実践に根ざした説得力があります。

　メグさんのワークショップに集まる日本の子どもたちは、メグさんが大好きです。それは、どんな答えも決して否定することなく受け入れてくれ、ほめてくれるからです。

　自分の人格を肯定され、自分のからだや心を大切にしてもいいというメッセージを受けとることは、子どもの「自尊感情」をはぐくむことにつながります。そして、自尊感情を高めるためには「安心感」が重要な要素になります。「わたしのからだと心はわたしのものなのだ」と思えること、わたしは「安全なのだ」と思えることが必要なのです。

　自分の行動に責任をもち、自己決定ができ、きちんとした自己主張のできる子どもに育つためには、自尊感情は必須のものです。自尊感情を育てるためには、まず、自分のからだと性について知ることが第一歩です。

　一人でも多くの子どもたちがこの本に出会い、自分のからだと心を守るための「情報」と「スキル」を身につけることを願っています。

【著者】
メグ・ヒックリング（Meg Hickling）
1941年、カナダ生まれ。
看護師として働くなかで、自分のからだ、特に性について知ることの重要さに気づき、1974年からカナダと米国で、子ども、親、専門家への「性の健康」教育に携わる。
持ち前のユーモアとウィットに富んだ話で、性に対する古い価値観を払いのけ、性教育の大切さを広く一般に浸透させてきた。
その仕事は高く評価され、1997年にはブリティッシュ・コロンビア州の最高の賞、BC賞を、また2001年にはカナダで最高の栄誉賞であるカナダ勲章、2002年にはブリティッシュ・コロンビア大学の名誉博士号を授与されている。
1999年に『メグさんの性教育読本』（木犀社）が出版されたのをきっかけに、日本でも毎年、全国各地で子どもむけワークショップや、親や専門家むけの講演会を行っている。
3人の子どもの独立後、バンクーバーで夫とふたり暮らし。3人目の孫が生まれたばかり。

【絵】
キム・ラ・フェイブ（Kim La Fave）
ルース・シュワルツ子どもの本賞（カナダの子どもの人気投票による賞）、アミーリア・フランシス・ハワード・ギボン賞、およびカナダの最高の賞である総督賞など、多くの賞を受賞。国際的に活躍するイラストレーター。
ブリティッシュ・コロンビア州ロバーツ・クリークに妻と2人の息子と暮らす。

【訳者】
三輪妙子（みわ・たえこ）
1951年、東京生まれ。
1974年から80年までカナダのバンクーバーで暮らし、エコロジーや女性の運動にかかわる。帰国後も、カナダとの行き来を続けながら、環境保護、反原発、女性問題などに関する翻訳・通訳に携わる。
主な訳書に『メグさんの性教育読本』（木犀社）、『「親」を楽しむ小さな魔法』（共訳、築地書館）など。
メグさんの来日時には、各地を一緒に回り、通訳兼案内役をつとめる。

メグさんの
女の子・男の子 からだBOOK

2003年 9 月25日　初版発行
2022年 4 月15日　12刷発行

著者────────メグ・ヒックリング
絵─────────キム・ラ・フェイブ
訳者────────三輪妙子
発行者───────土井二郎
発行所───────築地書館株式会社
　　　　　　　　東京都中央区築地7-4-4-201　〒104-0045
　　　　　　　　TEL 03-3542-3731　FAX 03-3541-5799
　　　　　　　　http://www.tsukiji-shokan.co.jp/
　　　　　　　　振替00110-5-19057
印刷・製本────シナノ印刷株式会社
装丁────────山本京子

Ⓒ 2003 Printed in Japan ISBN978-4-8067-1272-5 C0037

・本書の複写、複製、上映、譲渡、公衆送信（送信可能化を含む）の各権利は築地書館株式会社が管理の委託を受けています。
・JCOPY 〈(社)出版者著作権管理機構 委託出版物〉
本書の無断複製は著作権法上での例外を除き禁じられています。複製される場合は、そのつど事前に、(社)出版者著作権管理機構（TEL 03-5244-5088、FAX 03-5244-5089、e-mail : info@jcopy.or.jp）の許諾を得てください。